vmn

HEITERES ÜBERLEBENSTRAINING FÜR TOLPATSCHE

von Heidemarie Brosche

Verlag Michaela Naumann

Gesamtherstellung: Danuvia Druckhaus Neuburg GmbH,
8858 (86633) Neuburg/Donau

Die Zeichnungen für dieses Buch wurden
von Michael Bohne, Bochum, gefertigt.

Die Deutsche Bibliothek – CIP-Einheitsaufnahme

Brosche, Heidemarie:
Heiteres Überlebenstraining für Tolpatsche /
von Heidemarie Brosche. – Nidderau : Naumann, 1993
(Heiteres Überlebenstraining; Bd. 2)
ISBN 3-924490-47-3

Inhaltsverzeichnis

»Schatz, ich hab' den Rest Benzin vorhin ins Klo gekippt, also paß auf, wenn du da rauchst ...«

Vorwort

Lieber Leser,
wollen wir einmal ehrlich sein. Sie sind sich nicht ganz sicher.

Gerade eben haben Sie das gute Glas zu Boden, den Partner in die Flucht oder sich selbst den Daumen blau geschlagen. Sie sitzen auf dem Hosenboden, in der Klemme oder zwischen allen Stühlen. Sie sind entsetzt, gefrustet oder leicht bis schwer verletzt.

Und nun hat Ihnen eine/r dieses Buch gegeben. Sie wissen nicht so recht, was Sie davon halten sollen.

Vor allem aber: Sie sind sich nicht ganz sicher.

Und grübeln: Ist dieses Buch wirklich das Richtige für mich? Gehöre ich wirklich der Gattung »Tolpatsch« an?

Erst unlängst haben Sie einen Tolpatsch-Film gesehen und sich dabei köstlich amüsiert. Nun werden Sie stutzig. So einer wie der soll ich selber sein? Einer, der stolpert, fällt, verunglückt – ohne Unterlaß? Der sich beim Trinken den Strohhalm in die Nase stößt, der es mit Hindernissen aller Art aufnimmt, der stets an den Stuhl mit dem angeknacksten Bein, das Salzfaß mit dem losen Deckel, den Menschen mit der schlechten Absicht gerät? »Nein!« sagen Sie. »Und nochmals nein!«

Doch wenn Sie ehrlich sind: Der Zweifel nagt an Ihnen. Ist doch was dran?

War doch nicht nur der blöde Hammer schuld, das Glas falsch konstruiert, der Partner schlecht gelaunt? Lag es womöglich doch nicht an den glatten Fliesen, dem miesen Material, der Schlamperei der anderen?

Lassen Sie ihn (den Zweifel) nicht länger nagen. Grübeln Sie nicht mehr länger! Tun Sie was! Schreiten Sie zur Tat! Machen Sie sich an unseren Psychotest!

Bald werden Sie mehr wissen – über sich. Und feststellen: Selbsterkenntnis ist der erste Weg zur Besserung. (Obwohl ich keine falsche Hoffnung wecken möchte!)

Halt! Nehmen Sie sich doch bitte Zeit. Auf fünf Minuten mehr oder weniger kommt es nicht an.

Hetzen Sie also nicht. Es könnte wieder mal dumm ausgehen. Bewegen Sie sich ganz ruhig durch das Zimmer. Schlenkern Sie nicht. Lassen Sie bitte die Bodenvase stehen. Achten Sie auf das Kabel. Schlagen Sie sich nicht wieder das Schienbein an. Und ziehen Sie nicht so heftig an der Schublade. Denken Sie an die blaue Zehe vom letzten Mal. Außerdem muß doch nicht wieder alles am Boden liegen. Nehmen Sie einfach den Stift heraus. Aber klemmen Sie sich nicht den Finger ein. Die Salbe gegen Quetschungen ist doch längst aufgebraucht. Es eilt nicht. Ehrlich nicht.

Also, sind Sie soweit?

Ach! Jetzt haben Sie einen Kugelschreiberfleck am Pullover. Das hätte es nun wirklich nicht gebraucht. Konzentrieren Sie sich halt nur ein kleines bißchen. In Ordnung?

Packen wir's an!

1. Psychotest: Bin ich ein Tolpatsch?

Antworten Sie bitte nach bestem Wissen und Gewissen. Welche von je drei Möglichkeiten paßt zu Ihnen?

Ein Werktag. Der Wecker klingelt.

a) Ich schrecke hoch, bringe den Wecker zum Verstummen und schlafe wieder ein. (1)
b) Ich taste nach dem Wecker, bringe dabei das Wasserglas zum Kippen und trete in die Pfütze. (2)
c) Ich schalte den Wecker aus, stehe auf und beginne mit der Morgengymnastik. (0)

Morgens im Bad. Es eilt. Ich dusche.

a) Ich ziehe mich nach dem erfrischenden Duschen an und frühstücke. (0)
b) Ich lasse erst die Seife und dann das Handtuch fallen. (1)
c) Ich lasse die Seife fallen, versuche, diese einzufangen, schlittere dabei durch das Badezimmer und hole mir den ersten blauen Fleck des Tages. (2)

Beim Frühstück.

a) Ich verschütte den Orangensaft, verschlabbere mit dem Frühstücksei die gute Hose, verbrühe mir am Kaffee die Zunge und verzichte aus Zeitmangel auf das Brötchen. (2)
b) Ich genieße ein Glas frisch gepreßten Orangensaft, ein Frühstücksei, Kaffee und ein bis zwei belegte Brötchen. (0)
c) Ich bekomme einen kleinen Hustenanfall, ansonsten frühstücke ich wie immer. (1)

Im Auto zur Arbeit.

a) Sicher und zügig lege ich die wenigen Kilometer zurück. (0)
b) Ich klemme meinen neuen Mantel in die frisch geölte Tür, bemerke es beim Aussteigen und verheddere mich vor Wut im Gurt. (2)

c) Nach nervenzermürbender Fahrt komme ich gerade noch rechtzeitig an. (1)

Feierabend.

a) Bei der Zusammenstellung meiner Abendgarderobe ergießt sich der Inhalt des Kleiderschrankes über mich. Im Zuge der Aufräumungsarbeiten schlage ich mir den Ellenbogen blutig. Zu meiner Verabredung ist mir die Lust vergangen. (2)
b) Ich mache es mir gemütlich und freue mich auf die Verabredung am Abend. (0)
c) Ich lasse mir sehr viel Zeit und vergesse um ein Haar meine Verabredung. (1)

Im Speiselokal.

a) Außer einem versehentlichen Stoß in die Magengrube meines Tischnachbarn richte ich wenig Unheil an. (1)
b) In anregender Atmosphäre verbringe ich einen wunderbar entspannenden Abend. (0)
c) Im Speiselokal stoße ich mir voller Wucht gegen das Tischbein, bringe Suppe und Rotwein zum Überschwappen und habe mir obendrein den letzten blauen Fleck des Tages eingehandelt. (2)

Auswertung:

0 bis 2 Punkte:
Gratuliere! Ein Tolpatsch sind Sie nicht. Wie aber kommen *Sie* an dieses Buch? Entweder hat es Ihnen einer gegeben, der selbst beim Schenken immer danebengreift, ein Tolpatsch eben. Dann lesen Sie bitte weiter. Sie werden Hilfen zum Umgang mit diesem Menschentyp erhalten. Oder man wollte Sie schlicht erheitern. Dann hoffen wir, daß uns dies gelungen ist. Viel Spaß beim Lesen!

3 bis 8 Punkte:
Na ja! Sie sind so mittendrin. Ein durchschnittlicher Typ. Leute wie Sie gibt's viele. Wie? Das gefällt Ihnen nicht? Dann sollten Sie sich entscheiden. Wollen Sie über sich oder über andere lachen? Als kleine Entscheidungshilfe lesen Sie dieses Buch. Danach werden Sie schlauer sein.

9 bis 12 Punkte:
Mein Beileid! Vermutlich lesen Sie dies in Sicherheitsverwahrung, im Krankenhaus oder in tiefster Verzweiflung. Sie sind ein Tolpatsch, wie er im Buche steht. Von Leuten wie Ihnen handelt dieses Buch, für Leute wie Sie ist es geschrieben — als Lach-, Lebens- und Überlebenshilfe.

»Nun ja, mein Schneider sagte, lässige Eleganz würde sich doch wieder durchsetzen.«

2. Schlag nach bei Tolpatsch ...

Zunächst einmal fangen wir ganz sachlich an. Machen wir uns also die Mühe und nehmen die sogenannten Nachschlagewerke zur Hand.

Das Wort »Tolpatsch« geht zurück auf das ungarische Adjektiv »talpas« (gesprochen so ungefähr wie tolposch). »Talpas« bedeutete zunächst breitfüßig, dann bezeichnete es auch arme Leute, die nur zu Fuß gehen konnten, und schließlich neckte man damit die ungarischen Fußsoldaten, weil sie keine Schuhe trugen, sondern mit Schnüren befestigte Sohlen.

Im Deutschen gewann das Wort »Tolpatsch« unter Einfluß von »Tölpel« und »patschen« allmählich seine heutige Bedeutung, nämlich (und sind Sie da jetzt bitte nicht traurig drüber):

dummer, ungeschickter, tölpelhafter Mensch.

In ähnlicher Bedeutung finden wir:

Tölpel, Toffel, Stoffel,
Ungeschick, Taps, Trampel,
Trampeltier, Pflock, Torkel,
Tepp, Depp, Dummkopf, Trottel.

Als des Tolpatschs Verwandten ersten Grades dürfen wir natürlich den

Schussel

nicht vergessen. Auch über ihn findet sich so einiges:

Der Schussel ist ein unüberlegt handelnder, nachlässiger, einfältiger, ungeschickter Mensch.

Und als ob Sie das alles nicht schon hundertmal zu hören bekommen hätten, liefere ich Ihnen – der Vollständigkeit halber – eine kleine Liste von Adjektiven, mit denen man Tolpatsche und Schussel gerne abqualifiziert:

schusselig, nachlässig, ungeschickt,
linkisch, unbeholfen, plump,
zerstreut, hastig, hektisch,
nervös, zittrig, unbesonnen, vergeßlich . . .

Apropos vergeßlich! Auf keinen Fall vergessen wollen wir unsere Verwandten aus dem Tierreich:

– den »gemeinen Tölpel« (Angehöriger einer Familie gänsegroßer, starkschnäbliger, ruderfüßiger Meeresvögel, die stoßtauchend Fische erbeuten);
– das »Trampeltier«, besser bekannt unter dem Namen »Kamel«;
– den »Pechvogel« (einer, der oft Pech hat, eigentlich »der am Vogelpech hängenbleibt«);
– den »Unglücksraben« (siehe auch Kapitel 9);
– den »Elefanten im Porzellanladen«, den wir so bildlich vor uns sehen, daß sich jede Erklärung erübrigt.

Ich denke, diese Auflistung sollte genügen.

3. Wieso gerade ich?

Ja, mit dieser Frage quält sich wohl jeder echte Tolpatsch herum. So lange, bis er sich abgefunden hat.

»Wieso passiert gerade mir so viel?« Das habe auch ich mich jahrelang gefragt. (Damit ist es endgültig heraus: Auch die Autorin bekennt sich zum Typ des echten »Tolpatsches«.)

Dieser verzweifelten, quälenden Frage waren Jahre des krampfhaften Ignorierens vorhergegangen. »Ist irgendwas?« »War doch gar nichts.« So ungefähr versuchte ich abzuwiegeln, zu beschönigen, wo es nichts zu beschönigen gab, schlicht, die Tatsachen unter den Tisch zu kehren.

Aber irgendwann kann ein Tolpatsch sich und anderen nichts mehr vormachen. Er muß den Tatsachen ins Auge sehen: »Ein Tolpatsch, ein Schussel, ein ungeschickter Mensch bin ich. Kein Tag vergeht, an dem mir nicht irgend etwas zustößt.« Es wird zur Klarheit. Und dieser Klarheit folgt die eben schon erwähnte, ernüchternde Gewissenserforschung: »Wieso ich?«

Warum also quält sich der eine unbeholfen über die kleinsten Hindernisse, wird jede noch so banale Handlung zum unfreiwilligen Abenteuer, während der andere leichtfüßig und locker durch das Leben geht?

Es ist schon bitter, wenn man sich dieser Frage als Betroffener gegenübersieht.

Und es ist schwer, darauf zu antworten.

Wollten Sie schon mal mehr wissen über sich und Ihr Problem? Haben Sie schon mal versucht, der Sache auf den Grund zu gehen, in Buchhandlungen, Bibliotheken o. ä.? Oder sind Ihnen die Bücher des Regals dabei auf den Kopf gefallen?

Egal! – Eines ist sicher: Die Tolpatschologie steckt noch in den Kinderschuhen. Ein weites Betätigungsfeld erschlösse sich da der Wissenschaft. Doch bis diese sich unserer endlich annimmt, müssen wir halt selbst versuchen, Antworten zu geben.

Zunächst mit Hilfe einer Frage: »War ich schon immer so, oder hat mich das Leben erst zu dem gemacht, was ich jetzt bin?«

Versuchen wir, uns zu erinnern: Wie war das damals in der Kindheit? Ständig blaue Flecken, Schrammen, aufgeschlagene Knie, ohne ernsthaften Anlaß? Schon als Kind Schimpfe oder Haue bekommen wegen zerschlagener Gläser, Teller, Vasen? Marmeladenbrot häufig aus der Hand gefallen, bevorzugt mit der Marmeladenseite nach unten? Überall mit »ja« geantwortet? Dann sind Sie wohl der geborene Tolpatsch, der Tolpatsch von Geburt an.

Warum *das* der Fall ist, das ist schon die nächste Frage. Und hier meine Antworten (bitte nicht beleidigt sein, sind ja nur Möglichkeiten):

Vielleicht haben Sie's einfach geerbt. Es könnte in der *Familie* liegen. Die Wissenschaft zumindest sagt, daß Eigenschaften wie Ungeschicklichkeit zu den vererbbaren gehören.

Natürlich könnten Sie's auch vom Vorbild übernommen haben.

Vielleicht aber ist es doch Ihr ureigenstes Problem. Vielleicht ist irgend etwas mit Ihrem räumlichen Sehen oder Vorstellungsvermögen nicht ganz in Ordnung. Oder Ihr Gleichgewichtssinn ist nicht so gut entwickelt. Oder Sie haben Ihre Bewegungen nicht immer hundertprozentig unter Kontrolle. Oder Sie haben nicht das richtige Fingerspitzengefühl, d. h. Ihre Tastorgane funktionieren nicht optimal.

Es könnte natürlich auch sein, daß Sie nur einfach nicht richtig bei der Sache sind, also der Typ des weltentrückten Denkers, des zerstreuten Professors, des Träumers, der in Gedanken immer ganz woanders ist.

Fühlen Sie sich jetzt bitte nicht vor den Kopf gestoßen. Es muß ja nicht alles zutreffen. Und – Sie können nichts, aber auch gar nichts dafür. Sie sind eben so.

»Halt!« sagen Sie. »Nichts davon ist wahr. Als Kind war ich noch ganz normal, galt sogar als geschickt und wendig.« In diesem Falle ist das Leben wirklich hart mit Ihnen umgesprungen. Wahrscheinlich hatten/haben Sie oft Streß, Hektik, Aufregung.

Kann man Sie leicht nervös machen? Wollen Sie immer schnell noch etwas schaffen? Dann laufen Sie wohl unter (Zeit-)Druck zu Hochform auf. Oder sind Sie nur in bestimmten Situationen, also phasenweise tolpatschig, z. B.
immer wenn Sie unausgeschlafen sind,
immer wenn das Baby schreit,
immer wenn etwas anders ist als sonst,
immer wenn Sie betrunken sind?

Egal, welche Ursachen Sie nun herausgefunden haben, grämen Sie sich nicht.
Nehmen Sie sich an, wie Sie sind.
Akzeptieren Sie Ihr Schicksal.
Machen Sie das Beste draus.
Lesen Sie weiter.

Gerade eben hat die Autorin ihre Ausführungen unterbrochen, um ihren hausfraulichen Pflichten nachzukommen.
Bilanz: Schneeweißes Söckchen des Nachbarmädels aufgesaugt, Söckchen total verdreckt aus Staubsaugerbeutel herausgewühlt, selbst nun ebenfalls total verdreckt.

Ach ja, wir haben Ihnen mit diesem Buch ein Überlebenstraining versprochen, und das soll so aussehen:

Wir werden Ihnen zunächst anhand ausgewählter Beispiele bewußt machen, wie sich der Tolpatsch in Lebensnot bringt, was ihn am Überleben hindert.

Wir werden Ihren Blick schärfen für des Tolpatschs natürliche Feinde und für Dinge, die er besser unterlassen sollte.

Wir werden belegen, welche Berufs- und Bevölkerungsgruppen es besonders hart trifft.

Wir werden Ihnen sagen, was hilft und was nicht hilft.

Wir werden Sie trösten und erheitern
– mit Leidensgenossen aus Fernsehen, Film, Literatur usw.,
– mit Tolpatsch-Witzen, -Sinnsprüchen und -Rekorden.

Wir werden eine Reihe von Gesetzen auflisten, die für Tolpatsche in besonderem Maße gelten.

Und wir werden das letzte Kapitel den Tolpatsch-Opfern widmen.

»Schatz! Weißt du, wo die Katze steckt?«

4. Aus dem Leben eines Tolpatsches

Betrachten Sie die folgenden Beispiele um Himmels willen nicht als Anregungen. Freuen Sie sich, wenn man Ihnen noch etwas Neues bieten kann. Aber entwickeln Sie keinen falschen Ehrgeiz. Es genügt, was Sie bisher angerichtet haben.

Lesen Sie sich in Ruhe durch diese Aufzählung, die die Autorin mit Hilfe eigenen und fremden Erlebens – mehr oder weniger mühsam – zusammengetragen hat.

Falls es Ihnen ein – wenn auch zweifelhaftes – Vergnügen bereitet, das Ganze als Checkliste anzusehen, dann nutzen Sie doch die Kästchen vorne. Machen Sie einen Haken immer dort, wo Sie ehrlich sagen können: »Schon erledigt!«

Sollte Ihnen dies zu deprimierend sein, lassen Sie das mit den Kästchen und Haken eben. Tun Sie ruhig so, als ob das meiste nichts mit *Ihnen* zu tun hat. Sie informieren sich eben nur. All diese Dinge können Menschen zustoßen. Auf so verschiedene Weisen kann man sich nicht nur um Lebensfreude, sondern sogar in Lebensnot bringen.

Also, hier sind sie, die Beispiele aus dem Leben eines Tolpatsches.

☐ Nehmen wir einmal an, der Tolpatsch ist und lebt umweltbewußt. Natürlich sortiert er seine Abfälle. Natürlich bringt er sie höchstpersönlich zur Wertstoffsammelstelle. In Kartons und Kisten. Eines ist sicher. Mindestens *ein* Karton, vorzugsweise der mit dem Altglas, ist überfordert. Und reißt. Mit durchschlagendem Erfolg. Sollte dies ausnahmsweise nicht erfolgen, hat der Tolpatsch einen Tag mit Minusgraden gewählt. Noch auf dem Weg zum Auto zieht es ihm auf Glatteis die Füße weg. Ergebnis siehe oben. Der Tolpatsch findet sich am Boden, bei Aufräumungsarbeiten! Er spürt die Blicke der Nachbarn und Passanten, hört deren Kommentare und fühlt sich in seinem Umweltbewußtsein leicht erschüttert.

☐ Begleiten wir den Tolpatsch ins Restaurant mit Abholservice. Er möchte für die Familie Leckerchen holen. Gewissenhaft zahlt er, und ebenso gewissenhaft stapelt er: Salatbehälter auf Pommesbehälter auf Pizzakarton auf Pizzakarton. Sie befürchten womöglich, das kann nicht gut gehen. Könnte es schon. Er hat wirklich gewissenhaft gestapelt. Und er bewegt sich bemüht ruhig aus dem Lokal. Er spürt die Blicke der Kellner und Essensgäste in seinem Rücken. Kein Hetzen! Keine Hektik! Stolz strebt er dem Ausgang zu. Er, der Tolpatsch, hat wirklich wunderbar gestapelt. Diesmal wird nichts schiefgehen. Denkt er. Nur den Bruchteil einer Sekunde lang. Dann hat sich seine Umhängetasche im Türgriff verheddert. Er merkt es leider etwas zu spät, geht zügig weiter und fühlt sich von hinten unsanft in der Bewegung gestoppt. Auch der Stapel ist überrascht. Salat und Pommes streben weiter vorwärts. Der Tolpatsch findet sich wieder mal am Boden und sammelt ein. Er spürt die Blicke in seinem Rücken.

Natürlich könnte ich weitererzählen (was ein echter Tolpatsch ist, dem läuft der Mund über!), aber das würde den Rahmen dieses Büchleins sprengen. Hier also weitere Beispiele, nicht mehr ganz so episch breit, sondern knapp und übersichtlich aufgelistet. Sollten Sie eine gewisse logische Reihenfolge vermissen, ich hab's aufgegeben. (Was ein echter Tolpatsch ist, der macht anstelle von Ordnung doch immer nur Durcheinander.)

Rund um die Bananenschale

☐ Der Tolpatsch schlägt sich an (Kopf, Schienbein, Ellenbogen . . .).
☐ Er zieht sich Schrammen und blaue Flecke zu.
☐ Er rennt gegen Hindernisse.
☐ Er öffnet Türen zur falschen Seite.
☐ Er tritt in und auf Dinge, in und auf die er nicht treten sollte.
☐ Er stolpert über Hindernisse und die eigenen Füße.
☐ Er gleitet aus (auf Glatteis, Bananenschalen, Plattenhüllen . . .).

☐ Er fällt hin.
☐ Er tritt anderen auf die Füße.
☐ Er klemmt sich die Finger ein.
☐ Er bleibt hängen.
☐ Er verbrennt, verbrüht, schneidet, sticht . . . sich.
☐ Er verschmutzt seine Umgebung mit Blutflecken.
☐ Er verschüttet.
☐ Er läßt Dinge fallen.
☐ Er verlegt Dinge.
☐ Er vergißt Dinge.
☐ Er verwechselt Dinge.
☐ Er verwechselt Menschen.
☐ Er setzt sich in frisch Gestrichenes.
☐ Er bleibt stecken (in Matsch, Schnee, heißem Teer . . .).
☐ Ihm fällt vieles entgegen, wenn er nur ein Ding haben will.
☐ Sein An- und Ausziehen ähnelt einem Nahkampf.
☐ Er drückt zu stark auf Tuben.
☐ Er dreht den Wasserhahn zu stark auf.
☐ Er vergißt sein Deo gerade vor dem wichtigen Termin.
☐ Er übersieht die hochgeklappte Klobrille und fällt ins Klo.
☐ Er verfärbt Wäsche.
☐ Er »schrumpft« Wäsche.
☐ Er fährt mit dem Kinder-, Einkaufswagen an.
☐ Er zieht sich »falsch« an.
☐ Er versagt an Automaten.
☐ Er nimmt den falschen Bus.
☐ Er gerät in Bus oder Bahn konsequent auf die »falsche« Seite (im Sommer auf die Sonnen- und im Winter auf die Schattenseite).
☐ Er ergattert im Zug einen Platz in Fahrtrichtung erst im Sackbahnhof.

*) ____

____

____

____

____

____

Rund ums Autofahren

- ☐ Der Tolpatsch fährt an, rammt . . .
- ☐ Er verheddert sich im Gurt.
- ☐ Er steigt angegurtet aus.
- ☐ Er klemmt Dinge in die Tür.
- ☐ Er klemmt sich den Finger in die Tür.
- ☐ Er verwechselt Garagen.
- ☐ Er findet sein Auto nicht mehr (Parkplatz, -haus, Tiefgarage . . .).

»Schätzeken . . . watt is? Ich dachte, dein Fenster wär runtergekurbelt . . .«

*) ______________________________

____

____

____

____

____

Rund um die Nahrungsaufnahme

☐ Der Tolpatsch verbrennt, verbrüht, verschluckt sich.
☐ Er beißt sich in den Finger, auf die Zunge, in die Wange.
☐ Er verschüttet (beim Servieren, beim Einschenken, beim Trinken . . .).
☐ Er kleckert.
☐ Er stößt Gläser und Tassen um.
☐ Er läßt Geschirr, Besteck . . . fallen.

> *Soeben hat die Autorin versucht, ihren Kindern ein Glas Milch einzugießen.*
> *Bilanz: Scherben, Milch auf dem Boden.*
> *Folgen: saugen, kehren, wischen.*

☐ Er besitzt nur noch angeschlagenes Geschirr.
☐ Er wirft das Tortenstück um.
☐ Ihm springt ein Kuchenstück vom Teller.
☐ Ihm schwappt die Suppe über.
☐ Ihm flutscht das Ei zu Boden.
☐ Er gießt zu viel/zu schnell ein.
☐ Er läßt Essen überkochen, verbrennen.

*)

*) Sie konnten sich bestimmt nicht denken, wofür die freien Zeilen sind. Zum Ergänzen! Für Ihre ganz persönlichen Beispiele. Damit die Sache vollständig wird.

GÄHN!
H

5. Des Tolpatschs natürliche Feinde

Wenn Sie im vorigen Kapitel gut aufgepaßt und gut mitgedacht (beinahe hätte ich gesagt: »mitgemacht«) haben oder auch wenn Sie nur halbwegs bewußt durchs Tolpatsch-Leben gehen, dann sind sie Ihnen ja nicht mehr gänzlich unbekannt – die natürlichen Feinde des Tolpatschs.

Vielleicht aber macht es nun ab und zu »klick« bei Ihnen oder »Halt, Feind lauert!«, wo Sie bisher arglos in die Falle tappten. Dann hat das folgende Kapitel seinen Zweck erfüllt.

Bitte stören Sie sich nicht an den vielen Wiederholungen. So ist es nun mal. Es wiederholt sich alles – bei einem echten Tolpatsch.

Die Feinde ...	... und was sie dem Tolpatsch antun
Teppiche	Er stolpert.
Türschwellen	Er stolpert.
Kabel	Er stolpert.
Bodenerhebungen	Er stolpert.
Glatteis	Er rutscht aus und fällt.
glatte Böden	Er rutscht aus und fällt.
herumliegende Plattenhüllen, Bananenschalen ...	Er rutscht aus und fällt.
Treppen	Er fällt.
Gespräche	Er fällt ins Wort.
Kanten	Er schlägt sich an.
Glastüren	Er schlägt sich an.
niedrige Tische	Er schlägt sich an.
herumliegende harte, spitze Gegenstände	Er tritt darauf.
Pfützen	Er tritt hinein.
heißer Teer, nasser Zement ...	Er tritt hinein und bleibt stecken.
Drehtüren	Er bleibt stecken.
Drehkreuze	Er bleibt stecken.

Krawatten	Er taucht ein.
weite Ärmel	Er taucht ein und bleibt hängen.
lange Ketten	Er taucht ein, bleibt hängen und reißt zu Boden.
Umhängetaschen	Er bleibt hängen.
Reden	Er bleibt hängen und vergißt den Text.
Erdnußbutter, türkischer Honig . . .	Er verliert Plomben, Zähne oder renkt sich den Kiefer aus.
Suppen	Er verkleckert sich, Tischdecken, Teppiche . . .
Soßen	Er verkleckert sich, Tischdecken, Teppiche . . .
Sandwiches	Er verkleckert sich, den Boden . . .
Krümelkekse	Er versaut sich und seine Umgebung.
weiße Blusen, Hemden	Er »befleckt« sie.
Einkaufstüten	Er bringt die Henkel zum Ab- oder den Boden zum Durchreißen.
Kakteen	Er greift oder schlägt in die Stacheln.
Stapel	Er bringt sie zum Einstürzen.
Ohrstecker	Er bleibt beim Kämmen hängen und franst sich die Ohrläppchen aus.
elektrische Geräte	Er beherrscht sie nicht.
z. B. Staubsauger	Er saugt die falschen Dinge auf.
z. B. Nähmaschine	Er näht schief, falsch zusammen oder sich selbst in den Finger.
z. B. Rührgerät	Er verspritzt und verwandelt die Küche in ein Schlachtfeld.
z. B. Mikrowelle	Er bringt Dinge zum Platzen und verwandelt das Innere des Geräts in ein Schlachtfeld.
z. B. Mundddusche	Er duscht das ganze Bad.
alles, was heiß ist	Er verbrennt/verbrüht sich und andere.
alles, was flüssig ist	Er verschüttet.

alles, was kompliziert ist	Er kämpft gegen die Tücke des Objekts.
alles, was einfach ist	Er macht es kompliziert (s. o.).
Und die größten Feinde: Aufregung, Hektik, Streß	Sein Verhalten verschlimmert sich auf der ganzen Linie.

*) ____

____

____

____

____

____

____

____

____

____

*) Natürlich wieder zum Ergänzen!

»Könnte wohl mal jemand die Rolltreppe ausstellen?!«

6. Hüte dich davor, zu ...

Ebenso wie er seinen Feinden gegenüber wachsam sein sollte, empfiehlt es sich für den Tolpatsch, bestimmte Handlungen ganz zu vermeiden.

In diesem Kapitel lernen Sie eine kleine Auswahl kennen. Daß Sie diese noch ergänzen können, ist schon klar. In diesem Kapitel aber können Sie auch zeigen, wie fortgeschritten Sie schon sind.

Ordnen Sie bitte selbständig den Handlungen die Folgen (umseitig aufgeführt) zu.

Riskante Handlungen

1) Dosen/Flaschen öffnen
2) ein Faß anzapfen
3) Blumen gießen
4) Rosen schneiden
5) Schokoladenfondue essen
6) Gartenliege aufstellen
7) Zelt aufbauen
8) Boot fahren
9) Fliegen erschlagen
10) sich schminken/rasieren
11) am Computer arbeiten
12) Ordnung in Durcheinander bringen
13) mit anderen Tolpatschen zusammenarbeiten
14) selbständig reisen

Und hier die *Folgen*
Numerieren Sie bitte richtig.
( ) sich stechen
( ) verschütten
( ) bespritzen
( ) Ziel verfehlen
( ) Ziel verfehlen
( ) zusammenbrechen
( ) daneben!
( ) daneben!
( ) Wichtiges vernichten
( ) scheitern
( ) unerwünschte farbliche Veränderungen
( ) unerwünschte farbliche Veränderungen
( ) Chaos!
( ) Chaos!

____

____

____

Eines sollten Sie aber auch nicht tun: der *Werbung* Glauben schenken. Schon dem »normalen« Menschen verspricht sie, wie man weiß, viel zuviel.

Den echten Tolpatsch aber trennen Welten von seinem Vorbild in der Werbung. Von Ausnahmen abgesehen. Für Fleckentferner, Alleskleber, Nervenberuhigungsmittel u. ä. läßt man gerne Leute unseres Schlages agieren. Ansonsten aber, au wei!

Stellen Sie sich doch mal vor, wie unsereins . . .

. . . den herrlich duftenden Kaffee serviert. Achten Sie auf das strahlende Lächeln, die total entspannte Atmosphäre, das »stimmige« Ambiente.

. . . mit dem neuen, tollen Auto herrlich souverän startet.

. . . dem perfekt durchgestylten Gegenüber total locker zuprostet.

. . . den Schokoriegel seinem/seiner Partner/in lässig zuwirft.

. . . bepackt mit Einkaufstüten dem/der Liebsten in die Arme eilt.

. . . zusammen mit den durchtrainierten, wunderschönen Menschen in den Pool springt.

. . . das herrlich frische, leichte . . . Gefühl mit . . . genießt.

> *Wundern Sie sich nicht, wenn der Schreibfluß an dieser Stelle etwas ins Stocken geraten ist. Die Autorin wollte nur kurz den Kindern beim Zähneputzen assistieren und hat sich dabei die Hand verbrüht.*

Ein Allerletztes noch:
Hüten Sie sich davor, einer Gebrauchsanweisung Glauben zu schenken. Trauen Sie keinem »Sie müssen nur . . .«. So leicht, wie die das hinstellen, ist es ganz bestimmt nicht.

»He, putzen Sie doch mit Ihrem eigenen Wischlappen!«

7. Wen es besonders hart trifft

Wollen wir uns nichts vormachen.
Es trifft jeden Tolpatsch hart.
Ein Tolpatsch-Leben ist kein Zuckerlecken.
Ein Tolpatsch ist vor Überraschungen nie sicher.
Ein Tolpatsch hat es oftmals schwer, sich selbst zu lieben. (Und man weiß doch, wie wichtig eine gesunde Portion Eigenliebe ist!)

Zum Leben eines Tolpatsches gehören ganz selbstverständlich Schmerzen körperlicher und seelischer Art.
Ein Tolpatsch verbringt mehr Zeit am Boden, als sich ein normaler Mensch vorstellen kann.

Ein Tolpatsch muß den Folgen seines unglückseligen Wirkens stets ins Auge sehen, und zwar ohne Gnade.
Ein Tolpatsch weiß, was Wörter wie »beschämend«, »peinlich«, aber auch »Schadenfreude«, »Spott« bedeuten.
Ein Tolpatsch verbringt sein Leben quasi am Rande eines Abgrundes. Und er weiß nie, wann dieser ihn verschlingen wird.

Nichtsdestotrotz:
Ich behaupte, daß es manche unter uns ganz besonders hart trifft.
Das können sein:
- Tolpatsche, die vor Publikum agieren
- Tolpatsche, die Eindruck machen wollen
- Tolpatsche, die ihre Autorität wahren wollen
- Tolpatsche, die ein gutes Beispiel geben wollen
- Tolpatsche, die von Berufs wegen alles selber aufräumen müssen
- Tolpatsche, die in ihrem Beruf »fingerfertig« und gewandt sein sollten

»Ja, und wer wäre da zu nennen?« fragen Sie und sind sich wieder einmal nicht ganz sicher. Nun denn, sorgfältige Recherchen haben folgendes Bild ergeben:

Hausfrauen/Mütter/Hausmänner/Väter
Natürlich ist es kein Zufall, daß ich ausgerechnet *sie* an erster Stelle erwähne.
Es ist wirklich ein unvorstellbares Leiden, wenn man ständig gegen das verstößt, was man selbst gepredigt hat.

»Trink bitte nicht im Stehen, du verschlabberst.« Und kurz darauf ist man es selbst, der schlabbert.

»Paß doch auf, wo du hinrennst.« Noch am selben Tag holt man sich eine Beule, weil man zum wiederholten Mal den guten, alten Türstock übersehen hat.

»Bei diesem Einkaufswagen kann man sich zwicken, gib acht.« Und hat schon selbst die Finger dazwischen.

Das alles, wo man doch genau weiß, wie wichtig das gute Vorbild in der Erziehung ist.

Verschärfend kommt hinzu, daß man es selbst und niemand sonst ist, der sich nach erfolgtem Mißgeschick an die Arbeit machen muß.
Was auch immer gerichtet, repariert, erledigt, beseitigt, aufgewischt, zusammengeklebt, verarztet werden muß, kein anderer wird es tun, selbst ist man dran, unweigerlich!
Unabhängig vom Ausmaß des Ärgers, der Trauer, des Schmerzes im Augenblick der Katastrophe.
Ein bitteres Los!

Handwerker/Heimwerker
Wenn *sie* ungeschickt sind, laufen sie buchstäblich ins offene Messer, sind prädestiniert dazu, sich zu verletzen oder Dinge zu beschädigen.
Man denke nur an das Werkzeug eines Schreiners, Glasers, Malers oder Metzgers. Oder an das Wirken eines tolpatschigen Friseurs.
Man stelle sich den schusseligen Heimwerker beim Dübeln, Leimen oder Löten vor.
Nicht auszudenken!

Kellner
Immer vor Publikum agieren, immer alles selber beseitigen und – immer der Kritik ausgesetzt (»Ihr Finger ist in meiner Suppe.«, »Sie haben ein Fußbad angerichtet.« . . .), da könnten schon mal Flucht- oder Mordgedanken hochkommen.

»Herr Ober! Zahlen!«

Vertreter/Verkäufer
Ware ernsthaft und überzeugend anzupreisen und dabei nicht zurechtzukommen, Staubsaugerrohre zu verkanten, anstatt leichthändig zu montieren, am neuen Diavorführmodell nur vorzuführen, wie es nicht geht, den Deckel vom Laptop im entscheidenden Moment nicht aufzubekommen – das ist ein echter Spaß, nur leider für die anderen.

Lehrer
Wer vor der Klasse zu Boden geht, das Lineal zerbricht, über Schulmappen stolpert, sich verspricht, kann allemal mit Lacherfolg rechnen. Wie gut er den verkraftet, hängt von seiner Persönlichkeit ab. Vielleicht nutzt er das Ganze für eine entspanntere Atmosphäre?!

Richter
Würde sollte man ausstrahlen. Da paßt es schlecht dazu, wenn man sich auf die Robe tritt, den Ellenbogen am Richtertisch anschlägt oder beim Umschichten des Aktenberges auf Blätterjagd gehen muß. Vielleicht ... siehe Lehrer.

Gauner/Verbrecher/Mörder
Zumindest einen Fingerabdruck hinterlassen sie immer. Was einem tolpatschigen Gesetzesübertreter sonst noch alles danebengehen kann, entnehmen Sie bitte unserem »Rekord«-Kapitel.

Zum Abschluß noch ein paar Fälle, bei denen *ich* mir nicht so sicher bin, nämlich

Schauspieler
Unfreiwillige Komik dürfte nicht unbedingt das sein, was ein Mime durch sein »Spiel« erreichen will.
Auf der Bühne kann so gut wie nichts vertuscht werden, das Publikum bekommt das Mißgeschick »live« mit.

Dreharbeiten bestehen irgendwann vor allem aus dem augenverdrehenden Aufstöhnen des gesamten Teams: »Mein Gott, was hat sie/er da schon wieder angerichtet!«

Ein strauchelnder, hängenbleibender, sich anschlagender Schauspieler wird irgendwann wohl nicht einmal mehr Lacherfolg ernten.
Es sei denn, er wechselt ins komische Fach.
Und spielt sich selbst.

Was für Schauspieler gilt, läßt sich natürlich auch auf verwandte Berufe übertragen.
Der Musiker, der bereits beim Auspacken seines Instruments zum Nahkämpfer wird, die Sängerin, die in den Orchestergraben fällt, der Rezitator, der auf die Bühne stolpert, der Moderator, der sich im Mikrofonkabel verheddert – sie alle dürften das sprichwörtliche Mauseloch herbeisehnen.

Sportler
Stellen Sie sich einen Golfspieler vor, der statt des Balls den eigenen Knöchel trifft, eine Sprinterin, die bereits beim Start der Länge nach hinschlägt, einen Basketballspieler, der sich im Korb verfängt . . .

Die Frage ist nur: Gibt es überhaupt tolpatschige Sportler, Schauspieler usw.? Sind speziell sie durch ihre (körperliche) Gewandtheit geschützt?

Oder umgekehrt: Kann ein Tolpatsch überhaupt Sportler, Schauspieler . . . werden?
Kommt hier ein natürlicher Auslesemechanismus zum Tragen? Vielleicht helfen Sie, lieber Leser, mir, die Fragen zu beantworten?!

Ach so, Sie meinen ganz was anderes. Sie meinen, daß ich ausgerechnet *Sie* vergessen habe, daß es auch *Sie* besonders hart trifft.

Das tut mir aufrichtig leid.
Lassen Sie es mich wissen, bitte!

»Das ist ganz sicher der Campingplatz, wir sind nur die ersten ...«

8. Was hilft – was nicht hilft

Was dem Tolpatsch überhaupt nicht hilft:

Wenn er sich ärgert.
Wenn er sich schämt.
Wenn er versucht, sich zu verstecken.
Wenn er versucht, gute Vorsätze zu fassen.

Überhaupt sollte er sich entscheiden: Verschweigt er diskret seine Mißgeschicke, oder offenbart er sich? Ersteres halte ich für zwecklos. Energieverschwendung! So viel verheimlichen, das haut nicht hin. Treten wir lieber die Flucht nach vorne an!

Was hilft:

Verhaltensstrategie

1) Verdrängen Sie nichts! Stellen Sie sich!
2) Schimpfen Sie laut! (Oder leise, wenn Ihnen das lieber ist.)
3) Denken Sie an die gute Story, die aus Ihren Mißgeschicken wird.
4) Stellen Sie sich vor, wie alle wieder herzhaft lachen werden.
5) Lachen Sie selbst.
6) Weinen Sie aber ruhig, wenn Ihnen danach wohler ist.
7) Denken Sie an den Nachbarsjungen und seine Eins im Mündlichen dank Ihrer Mißgeschicke, die er zu jeder passenden Gelegenheit in den Unterricht einfließen läßt.
8) Halten Sie stets die Videokamera einsatzbereit, man kann nie wissen. Vielleicht werden Sie zum Star in »Pleiten, Pech und Pannen«.
9) Reden Sie über Ihre Mißgeschicke. Geben Sie zu, wer und was Sie sind, Sie werden zu Ihrem Erstaunen feststellen: Es gibt mehr heimliche Tolpatsche, als man denkt.
10) Schauen Sie anderen Tolpatschen zu, ganz ruhig. Und ergötzen Sie sich.

11) Eh Sie verzweifeln: Suchen oder gründen Sie eine Selbsthilfegruppe »Gleichgesinnter« zwecks Erfahrungsaustausch.
12) Versuchen Sie stets, die Ruhe zu bewahren, und zwar trotzdem.
13) Essen Sie zum Trost etwas Gutes.
14) Trinken Sie zur Aufmunterung ein Schlückchen. (*Eins,* hab' ich gesagt!)
15) Schreiben Sie alles zunächst auf – und dann mir.

Sie brauchen ein umfangreiches Repertoire an Schreck- und Schimpfwörtern zum Dampfablassen und zur Frustentladung. Einige Vorschläge finden Sie nebenstehend.

»Is' was?!«

1) Zum Mißgeschick:	
Harmlos:	Hoppla!
	Oh!
	Oh je!
	Jemine!
	Uiii!
	Na so was!
	O mei, o mei!
	Ach, du meine Güte!
	Ach, du liebe Zeit!
Schlimmer:	Nein!!!
	Nicht schon wieder!
	Das darf doch nicht wahr sein!
	Entsetzlich!
Katastrophal:	Scheiße!
	Scheibenkleister!
	Mist!
	Kacke!
	Verdammt (nochmal)!
	Verdammter Mist!
	Himmel, Arsch und Zwirn/Wolkenbruch!
2) Zum Objekt:	Blödes Ding!
	Glump!
	Hundsglump!
3) Mit Selbstironie:	Krach!
	Bumm!
	Boing!
	Peng!
	Toll!
	Super!
	1:0!
4) Zu sich selbst:	Depp!
	Blödmann!
	Rindvieh!
	Trottel!
	Deutschlands Dümmster!
	Doof bleibt doof (da helfen keine Pillen)!

Tun Sie Ihren Gefühlen keinen Zwang an. Schreien Sie nur. Das tut gut.

Sollte Ihnen diese Auswahl nicht genügen, darf ich Sie ganz dezent auf die »Schimpfwörterbücher« (erschienen im selbigen Verlag) hinweisen. Aus denen kann man noch was lernen.

Sie brauchen ein nicht ganz so umfangreiches Repertoire an Entschuldigungsfloskeln

Entschuldigung!
Verzeihung!
Tut mir leid!
Tut mir außerordentlich leid!
Ist mir sehr unangenehm!
Ist mir (äußerst) peinlich!
So was Dummes!
Ich werd's nie wieder tun. (wider besseres Wissen)
Wie konnte mir das nur passieren? (geheuchelt)

Sie brauchen für gewisse Fälle einen Fundus an Ausreden

Mir ist heute nicht gut.
Mein Kreislauf!
Ich bin überarbeitet.
Ich bin etwas gestreßt.
Ich hatte eine schlechte Nacht.
Ich vertrage die neuen Vitaminpillen nicht.
Oh, dieser Föhn! (nur für Bayern)

Vorsorge treffen!

1) Unverzichtbare Grundausstattung
   - gut ausgerüstete Hausapotheke mit
     Salbe gegen Prellungen, Verletzungen, Verbrennungen ...
     Pflaster, Binden ...
   - Reparaturset mit Klebstoff für alle Materialien
   - bei Unternehmungen immer ein Erste-Hilfe-Kästchen dabei
   - eventuell Schutzhelm
2) Unbedingt zu empfehlen
   - gute Haftpflichtversicherung
   - gute Rechtsschutzversicherung
   - Erste-Hilfe-Kurs: Man muß ja wissen, wie man sich und seinen Opfern helfen kann.

»Wehe, einer lacht!«

9. Leidensgenossen

Nach dem Motto »Geteiltes Leid ist halbes Leid!« machen wir uns auf die Suche nach Leidensgenossen. Und von denen gibt es mehr, als man denkt.
Sehen Sie sich also überall um, wo Menschen sind.
Gehen Sie mit geschärftem Blick durch das *Leben*. Amüsieren Sie sich von Herzen. Aber bitte nur in Ruhestellung! Sonst könnten die Lacher sehr bald auf der anderen Seite sein.

Sollte Ihnen das echte Leben nicht genügen, schauen Sie doch mal ins *Fernsehprogramm*. Sie werden feststellen:
Die brauchen uns. Die suchen uns.
Ohne Leute wie Sie und mich könnten die manche Sendungen gar nicht machen. »Pleiten, Pech und Pannen«, »Bitte lächeln!« und wie sie alle heißen.
Hier kommen echte Tolpatsche ganz groß raus.
Hier kann man sich an Leidensgenossen ergötzen oder versuchen, selbst zum Star zu werden (siehe Kapitel 8, Verhaltensstrategie 8 – »Videokamera«).

Auch bei manchen *Filmen* und *Serien* dürfen wir uns gut aufgehoben fühlen. Lassen Sie sich also nicht entgehen, wenn

- Peter Sellers als oberschusseliger »Inspektor Clouseau« seinen Chef in die Nervenklinik bringt,
- »Kottan ermittelt«,
- Peter Falk als »Columbo« gegen Türen rennt,
- in »Dinner for one« der alte Diener beharrlich übers Tigerfell stolpert,
- Jerry Lewis als tolpatschiger Patient seinen Psychiater irre macht,
- Rock Hudson in »Ein Goldfisch an der Angel« ein Zelt aufbaut,
- »Emil« am Postschalter Chaos anrichtet,
- Loriot ein Bild geraderücken will,
- »Dick und Doof«, »Pat und Patachon«, Charlie Chaplin herrlich ungeschickt agieren,
- Pierre Richard, Louis de Funès, Didi Hallervorden in Tolpatschrollen brillieren.

Achten Sie überhaupt mal drauf, wie oft *Situationskomik* auf dem Tolpatsch-Prinzip beruht.

Hören Sie auch genau hin, wenn
– Rainhard Fendrich in »Strada del sole«,
– Reinhard Mey in »Ankomme Freitag, den 13. ...«,
– Mike Krüger in »Mein Gott, Walter!«
in Mißgeschicken schwelgen.

Lesen Sie Einschlägiges. Bei Wilhelm Busch können Sie sich wie zu Hause fühlen, hat er doch sogar der Figur des Unglücksraben in seinem »Hans Huckebein« ein Denkmal gesetzt.

Und welche Torturen zum Beispiel der weniger bekannte Hobbygärtner Knoll durchstehen muß, bis er seinen Widersacher, den Maulwurf, erlegt hat, das können wir so richtig nachfühlen. Hier ein paar Textkostproben:

...
Ein Maulwurf wühlt im Pflanzenbeet.
Schnell eilt er fort und holt die Hacke,
Daß er den schwarzen Wühler packe.
Jetzt ist vor allem an der Zeit
Die listige Verschwiegenheit.
Aha! Schon hebt sich was im Beet,
Und Knoll erhebt sein Jagdgerät.
Schwupp! Da – und Knoll verfehlt das Ziel.
Die Hacke trennt sich von dem Stiel.
Das Instrument ist schnell geheilt!
Ein Nagel wird hineingekeilt.
...
Er schwingt die Hacke voller Hast –
Radatsch! O schöner Birnenast!
...
Aujau! Man setzt sich in den Rechen
Voll spitzer Stacheln, welche stechen.
Und Knoll zieht für den Augenblick
Sich schmerzlich in sich selbst zurück.

Die Autorin wollte nur schnell die Post hereinholen. Leider hat sie dabei das Computerkabel übersehen und ist gestürzt.

Sogar im guten alten Struwwelpeter von Dr. Heinrich Hoffmann läuft uns ein Tolpatsch besonderer Prägung über den Weg. Ja, stimmt, werden Sie sagen, an den guten alten Struwwelpeter erinnere ich mich noch vage. Der müßte doch noch irgendwo herumstehen. Lassen Sie die Sucherei bleiben. Damit Ihnen nicht wieder die Bücher auf den Kopf fallen, hab' ich Ihnen den »Hanns Guck-in-die-Luft« aufgeschrieben.

Die Geschichte vom Hanns Guck-in-die-Luft

Wenn der Hanns zur Schule ging,
stets sein Blick am Himmel hing.
Nach den Dächern, Wolken, Schwalben
schaut er aufwärts allenthalben.
Vor die eignen Füße dicht,
ja, da sah der Bursche nicht,
also daß ein jeder ruft:
»Seht den Hanns Guck-in-die-Luft!«

Kam ein Hund daher gerannt;
Hännslein blickte unverwandt
in die Luft.
Niemand ruft:
»Hanns! gib acht, der Hund ist nah!«
Was geschah?
Bauz! perdauz! – da liegen zwei,
Hund und Hännschen nebenbei.

Einst ging er an Ufers Rand
mit der Mappe in der Hand.
Nach dem blauen Himmel hoch
sah er, wo die Schwalbe flog,
also daß er kerzengrad
immer mehr zum Flusse trat.
Und die Fischlein in der Reih
sind erstaunt sehr, alle drei.

Noch ein Schritt! und plumps! der Hanns
stürzt hinab kopfüber ganz! –
Die drei Fischlein, sehr erschreckt,
haben sich sogleich versteckt.

Doch zum Glück da kommen zwei
Männer aus der Näh herbei,
und die haben ihn mit Stangen
aus dem Wasser aufgefangen.

Seht! nun steht er triefend naß!
Ei, das ist ein schlechter Spaß!
Wasser läuft dem armen Wicht
aus den Haaren ins Gesicht,
aus den Kleidern, von den Armen,
und es friert ihn zum Erbarmen.

Doch die Fischlein alle drei,
schwimmen hurtig gleich herbei;
streckens Köpflein aus der Flut,
lachen, daß man's hören tut,
lachen fort noch lange Zeit.
Und die Mappe schwimmt schon weit.

(Übrigens: Der Verlag Michaela Naumann hat für Liebhaber von Mundartliteratur auch Struwwelpeter-Nachdichtungen in seinem Programm: in alemannisch, fränkisch und hessisch.)

Wenn man sich mit kindlichem Gemüt amüsieren will, sollte man auch mal einen Blick in »Hoppla! Hier kommt Herr Tolpatsch!« von Richard Scarry werfen. (Schneider Verlag)

In einem ganz anderen Genre, nämlich dem Krimi, bietet sich Astrid Rösels »Mrs. Sherry und ihr Gewächshausmörder« (Anthologie »Der Tod des Kommissars« des Verlages Michaela Naumann) an, denn hier will der Mord so lange nicht gelingen, bis die Handschellen klicken.

»Ha ha ... oh mein Gott, wie kann man nur so blöd sein ...«

Waren Sie in der letzten Zeit im Zirkus? Nein? Dann sollten Sie das schnellstens nachholen. Achten Sie besonders auf die Clowns. Genau! Die haben das von uns abgeschaut.

Und nun nochmal zurück zum richtigen Leben. Forschen Sie ruhig auch die sogenannten *Persönlichkeiten* aus. Lesen Sie Biographien mal unter dem Gesichtspunkt: War sie/er außer allem Berühmten vielleicht ein kleines bißchen ungeschickt? Behalten Sie lebende Persönlichkeiten, besser bekannt unter der Bezeichnung »Prominente«, im Auge. Vielleicht entpuppt sich der eine oder andere als Leidensgenosse. Wo man's doch gerade bei ihr/ihm nicht vermutet hätte.

Hier ein paar Anekdoten, die zeigen, daß auch Berühmte gelegentlich tolpatschig handeln.

Frankreichs ehemaliger Außenminister Robert Schuman soll deshalb nicht geheiratet haben, weil er einmal in der Metro einer Frau auf den Fuß getreten und von dieser daraufhin entsetzlich angeherrscht worden sei. Ein für allemal habe er genug gehabt von den Frauen.

Mark Twain sei einmal den ganzen Tag unterwegs gewesen, um das Radfahren zu lernen. Wieder zu Hause, habe er seiner Frau berichtet, er wisse jetzt über das Fluchen Bescheid. Von dieser zur Rede gestellt, habe er bekannt, nicht *er* habe geflucht, sondern all die andern, die er umgefahren habe.

Der Maler Adolph von Menzel soll sich der berühmten Schauspielerin Eleonore Duse gegenüber einmal so unverhofft liebenswürdig gezeigt haben, daß diese ihm beim Abschied spontan die Hand küßte. Nach langem Nachdenken habe Menzel endlich festgestellt: »Eigentlich hätte *ich* doch *ihr* die Hand küssen müssen.«

Sie sehen schon: Lachen tut ganz gut. Lachen Sie also auch über Tolpatsch-Witze. Eine kleine Auswahl finden Sie im nachstehenden Kapitel.

10. Witzig!?

In jedem der folgenden Witze kracht's und schmerzt's und »schusselt's«. Manchmal hat sich der Tolpatsch auch ein wenig versteckt.
Suchen Sie mit.
Lachen Sie mit.
Oder lassen Sie's bleiben, wenn Sie's partout nicht witzig finden können.

Frau Moser ist gestolpert und liegt flach auf dem Boden. Ihr Ehemann will wissen: »Du hast dir doch wohl nicht am Ende wehgetan?« – »Nein«, stöhnt sie, »da nicht. Aber am Arm!«

★

Karl-Ludwig hat verschlafen. Völlig außer Atem rennt er in Richtung Schule. »Lieber Gott, laß mich bitte nicht zu spät kommen!« schickt er unterwegs ein Stoßgebet gen Himmel. Plötzlich stolpert er und fällt hin. Sauer rappelt er sich wieder hoch: »Von Schubsen hab' ich nichts gesagt.«

Mucki: »Aber Bobby, wie schaust denn du aus? Hast ja einen braunen und einen schwarzen Stiefel an.«

Bobby: »Ja, furchtbar. Und denk dir, daheim hab ich noch so ein Paar.«

★

Bobby nimmt an einem Ballfest teil. In der Pause hat er das Mißgeschick, seiner Tänzerin ein Glas Rotwein auf ihr neues Kleid zu schütten. Betroffen meint sie: »Das ist aber ein schöner Schaden!«

Worauf Bobby sich beeilt, sie zuvorkommend zu beruhigen: »Halb so schlimm, Gnädige, ich . . . trinke Rotwein ohnehin nicht gern!«

★

In einem schottischen Gefängnis.

»Was hast du denn ausgefressen?« fragte der erste Dieb den zweiten.

Dieser antwortet: «Ich habe die Auslage eines Juweliergeschäftes mit einem Hammer eingeschlagen und ausgeraubt!«

Meint anerkennend der andere: »Nicht übel! Aber sage, wie haben sie dich erwischt?«

Erwidert der zweite bekümmert: »Als ich umkehrte, um mir den Hammer zu holen, den ich vergessen hatte.«

★

Mit vorgehaltener Pistole stürmt Joe, der Gangster, in die Bank, brüllt »Überfall!« und schiebt dem Kassierer einen Zettel zu. Der liest den Zettel und gibt ihn zurück: »Sind Sie sicher, daß das der richtige Zettel ist?«

Entsetzt liest Joe: »2 Kilo Kartoffeln, 10 Eier, Kaffee und frische Petersilie nicht vergessen!«

★

Treibjagd in Oppersdorf. Der Flurrees will sich einige Maß Bier verdienen, deshalb reiht er sich in die Kette der Treiber ein. Der Zufall will es, daß er seinem Nachbarn ins Gehege kommt, dessen Flinte dazwischen um die Ecke schießt. Schon sitzt auch dem Rees eine volle Schrotladung im Hintern. In seinem Schmerz stürzt er auf den Schützen los. Doch der entgegnet gelassen. »Bleib dahaam, wennst kaan Spaß verstehst!«

★

»Ich bin gegen einen Baum gefahren!« sagt Herr Huber dem Automechaniker. Der geht einige Male um das Auto herum und fragt dann: »Wie oft denn?«

★

Eine Frau demolierte auf der Straße einen geparkten Wagen. Sie schlug die Scheiben entzwei, zerschnitt das Verdeck und haute die Türgriffe ab.

»Ich bin so wütend auf meinen Mann«, rief sie während der »Arbeit« den amüsierten Zuschauern zu.

Schließlich schob sich ein Mann durch die Menge und sagte: »Das ist ja *mein* Wagen, aber Gott sei Dank . . . nicht meine Frau!«

★

Hermine hat sich nach zwei Wochen Kreuzfahrt auf dem Ozeandampfer verirrt: »Entschuldigung«, sagt sie zum Steward, »ich finde meine Kabine nicht mehr.«

»Wie lautet denn die Nummer?«

»Habe ich vergessen. Aber wenn man aus dem Bullauge guckt, sieht man einen Leuchtturm und den Hafen.«

★

Otto rennt, um den Bus noch zu kriegen. Doch der fährt ihm vor der Nase weg. Otto rutscht aus und fällt der Länge nach in eine Pfütze. Der Busfahrer, der es im Rückspiegel gesehen hat, ruft ihm zu: »Nein, mein Junge, mit Brustschwimmen schaffst du's auch nicht mehr!«

★

Ein Ehepaar, das ziemlich oft Streit hat, geht in ein Restaurant. Nach einer Weile läßt der Ober ein Tablett fallen. Gläser zerbrechen klirrend auf dem Boden. »Hör doch«, sagt sie, »die spielen unser Lied!«

Ein Elefant im Porzellanladen: »Ich wolle eigentlich eine Teekanne kaufen. Aber ich sehe nur Scherben, Scherben, Scherben!«

★

Der ungeschickte Heinzi stößt in einem Porzellangeschäft eine Vase um. Sie zerspringt in tausend Scherben.

»Um Himmels willen«, brüllt der Inhaber, »diese alte chinesische Vase stammt aus dem 17. Jahrhundert!«

Heinzi erleichtert: »Gott sei Dank, ich dachte schon, sie war neu.«

★

»Mama«, fragt Herbert, »stimmt es, daß die große Vase im Wohnzimmer schon von ganzen Generationen unserer Familie hochgehalten wurde?«

»Ja, das stimmt. Warum fragst du?«

»Weil die jüngste Generation unserer Familie die Vase vorhin hat fallen lassen.«

★

Wiggerl: »Stell dir vor, mein Bruder ist von einem 25 Meter hohen Baum gefallen.«

Hansi: »Mein Gott, was hat er sich denn alles gebrochen?«

»Gar nichts. Zum Glück war er erst 50 Zentimeter hoch geklettert.«

★

Woran hört man, ob jemand gerade aus dem 10. oder dem 1. Stockwerk gefallen ist? Ganz einfach! Aus dem 10. Stock klingt es »Aaaah . . . bumm!« und aus dem 1. Stock »Bumm . . . aaaah!«

★

Zwei Cowboys sitzen im Saloon. Einer hat ein Gipsbein. Sagt der andere: »Hast du's jetzt kapiert? Erst ziehen, dann schießen!«

Berta kommt mit einem dicken Kopfverband in die Schule. »Oh je, was ist dir denn passiert?« fragen alle.

»Ich bin von einer Mücke gestochen worden.«

»Aber da braucht man doch keinen so dicken Verband!«

»Deswegen nicht. Aber meine Schwester hat die Mücke mit einer Schaufel erledigt.«

★

»Haben Sie Kinder?« wird ein zerstreuter Professor gefragt. – »Ja. Zwei Töchter – beides Mädchen.«

★

Ein Arzt studiert die Speisekarte. Beflissen will ihm die Wirtin bei der Auswahl helfen: »Ich habe gepökelte Zunge, gedämpftes Hirn, saure Nieren . . .«

Der Arzt blickt auf: »Gut, kommen Sie gleich in die Sprechstunde. Ich will nur rasch etwas essen.«

★

»Jetzt hab' ich doch tatsächlich meinen Regenschirm irgendwo stehen lassen.« – »Wann hast du es denn bemerkt?« – »Als der Regen aufhörte und ich den Schirm zuklappen wollte.«

★

Der zerstreute Professor hat seine Mahlzeit beendet, bezahlt und verläßt das Restaurant. Eine Minute später sitzt er wieder da und verlangt die Speisekarte.

»Aber Herr Professor«, sagt der Ober, »Sie haben doch gerade erst gegessen!«

Der Professor schlägt sich an die Stirn: »Ach, diese verflixte Drehtür!«

★

Toni erzählt: »Gestern habe ich den neuen Mixer ausprobiert, den ich zum Geburtstag geschenkt bekommen habe. Ich schüttete ein Pfund Tomaten hinein und stellte das Ding an.«

»Und, was passierte dann?« fragt Winni.

»Dann habe ich die Küche neu tapeziert.«

Damit Sie wieder ein bißchen gefordert sind (so nach dem Motto: »Wer nicht gefordert wird, wird nicht gefördert«), dürfen Sie bei den folgenden Witzen die Pointe selber finden. Auflösung auf Seite 60.

Ein Schotte hatte geschäftlich in der Stadt zu tun gehabt und wollte eilig wieder zum Bahnhof. Vor ihm stand eine Straßenbahn. In dem Augenblick, als sie sich wieder in Bewegung setzte, faßte er den Handgriff und fragte den Schaffner: »Wieviel kostet es von hier bis zum Bahnhof?«

»Zwei Pence«, rief dieser.

Um zu sparen, stieg der Schotte nicht ein, sondern lief im Galopp neben der Bahn her. Atemlos fragte er bei der nächsten Haltestelle: »Und was kostet es jetzt?«

»Drei Pence.«

»W-a-a-as?«

Pointe: ______________________________

★

Marizzenbill ist im Haushalt stark beschäftigt und bittet Tünnes aufzupassen, wann die Milch kocht. Vom »Duft« der überkochenden Milch angezogen, stürzt Marizzenbill in die Küche und findet Tünnes treu, aber untätig neben der Bescherung.

Marizzenbill: »Ich han dir doch gesaht, do sollts oppasse, wenn de Milch üvverkoch!«

Tünnes: »Dat han ich jo och gedonn.

Pointe: ______________________________

★

Hubers sitzen im Zug und fahren in die Ferien. Mama Huber schreit plötzlich erschreckt auf: »Meine Güte! Ich hab vergessen, den Elektroherd auszumachen. Wahrscheinlich brennt schon das ganze Haus.«

»Sicher nicht«, beruhigt sie Papa Huber.

Pointe: ______________________________

Christian geht mit seiner Mutter spazieren. Er findet ein Päckchen Kaugummi und fragt: »Mama, kann ich das haben?«

Die Mutter antwortet: »Nein, was am Boden liegt, darf man nicht aufheben.«

Nach einer Weile entdeckt er ein Fünfmarkstück und fragt: »Mama, darf ich das haben?«

Die Mutter antwortet: »Nein, was am Boden liegt, darf man nicht aufheben.«

Plötzlich rutscht Mutter auf einer Bananenschale aus und fällt hin. »Christian, kannst du mir aufhelfen?« bittet sie.

Pointe: ______________________________

★

Frau Singer hat beide Ohren dick verbunden.

»Ja, Frau Singer was haben Sie denn gemacht?« fragt mitfühlend Frau Moll.

»Ach, wissen Sie«, erzählt Frau Singer, »ich habe gebügelt, und plötzlich läutet das Telefon. Schusselig, wie ich bin, drücke ich mir statt des Hörers das heiße Bügeleisen an mein Ohr!«

»Oh je, oh je! Aber das linke Ohr! Was ist denn mit dem passiert?«

Pointe: ______________________________

★

»Das geht nicht«, schimpft der Gast, »Sie können doch nicht meine Wurst mit dem Daumen auf dem Teller festhalten.«

Mault der Kellner zurück:

Pointe: ______________________________

Ich hoffe, Sie konnten die Rätsel lösen. Und den Witzen etwas abgewinnen. So nach dem Motto: »Humor ist, wenn man trotzdem lacht.« Diese Lebensweisheit und viele andere, die irgendwas mit uns Tolpatschen zu tun haben, finden Sie im folgenden Kapitel.

Auflösung von Seite 58 und 59

1) *»Nun, Sie laufen ja in die falsche Richtung!« lachte der Schaffner.*
2) *Et war genau 11 Ohr!«*
3) *»Ich hab' nämlich vergessen, das Badewasser abzudrehn.«*
4) *»Nein«, antwortet Christian, »was am Boden liegt, darf man nicht aufheben.«*
5) *»Na ja, ich wollte dann gleich den Sanitäter anrufen . . .«*
6) *»Soll sie mir vielleicht zum dritten Mal in den Dreck fallen?«*

11. Lebensweisheiten, Sinnsprüche, Redensarten . . .

Es liegt in der Natur der Menschen,
daß sie nicht über einen Berg stolpern,
wohl aber über einen Ameisenhügel.

Wer sich allzusehr auf sein Glück stürzt, stolpert leicht.

Wer viel unter den Arm nimmt, läßt viel fallen.

Nicht darauf kommt es an,
den Nagel auf den Kopf zu treffen,
sondern darauf, ihn an der richtigen Stelle einzuschlagen.

Die Freiheit der Rede schätzt man dann ganz besonders,
wenn man sich mit dem Hammer
auf den Daumen gehauen hat.

Wenn man gehen gelernt hat, fängt das Fallen an.

Greif niemals in ein Wespennest,
doch wenn du greifst, so greife fest.

Der wahre Lebenskünstler springt aus dem Fenster,
kommt auf dem Dach an und erwischt dort eine Taube.

Wer Unglück haben soll, stolpert im Grase,
fällt auf den Rücken und bricht sich die Nase.

Wenn die Katze Unglück haben soll,
bleibt ihr die Maus im Halse stecken.

Das ist kein Mensch, der nicht eine Ader zum Narren hat.

Es fordert größere Tugenden,
das gute Geschick zu ertragen als das böse.
(La Rochefoucauld)

Fremdes Mißgeschick zu tragen, sind wir alle stark genug.
(La Rochefoucauld)

De Minsch mut pisakt weren,
dat he Lust krigt tum Springen!

Ein Unglück kommt selten allein.

Kein Unglück so groß, es hat ein Glück im Schoß.

Frei von Unglück ist niemand.
(Sophokles)

Im Grunde ist jedes Unglück nur so schwer,
wie man es nimmt.

Ehe der Kluge die Brücke findet,
geht der Dumme durch den Bach.

Wer sich in die Gefahr begibt, kommt in ihr um.

Unser Leben ist ein Kampf, ist ein Auf und Nieder.
Denk bei jedem Schicksalsschlag, alles geht vorüber.

Wer Schaden litt, erwarb auch Spott:
wem Glück zuteil wird, dem half Gott.
(Wolfram von Eschenbach)

Durch Schaden wird man klug.

Besser mit Schaden als mit Schande klug werden.

Wer den Schaden hat,
braucht für den Spott nicht zu sorgen.

Wer den Schaden hat, spottet jeder Beschreibung.

Die Schadenfreude ist die reinste Freude.

Unjeschickt läßt jrüßen.
(Berliner Redensart)

Da ist Hopfen und Malz verloren.

Humor ist ein wundertätiger Schwimmgürtel,
der dich im Strom der Welt oben hält,
wenn dir vieles – zu Wasser geworden ist.

Lachen ist die beste Medizin.

Humor ist, wenn man trotzdem lacht.
(Otto Julius Bierbaum)

Wer zuletzt lacht, lacht am besten.

Zum Schluß noch ein paar Redensarten, die Sie brauchen können, wenn Sie einmal Ihre Memoiren schreiben. Damit Sie sich nicht immer wiederholen müssen: Tolpatsche, Schussel und Kollegen
– kommen mit zwei linken Händen zur Welt,
– haben Pech,
– haben eine Pechsträhne,
– sind Pechvögel,
– schießen einen Bock,
– haben Glück im Unglück,
– treten ins Fettnäpfchen,
– erleben ein Fiasko,
– geraten in einen Schlamassel.

»Liebling, nimm bitte einen unauffälligen Nagel, ja?!«

12. Unsere Rekorde

Man sollte es nicht glauben, aber es gab da mal ...

... den Farmer, der 75 Jahre lang der »unverwundbarste Mann der Welt« genannt wurde. Zwölfmal wurde er von Giftschlangen gebissen, neunmal von der Straßenbahn und elfmal von Autos überfahren, und er erlebte drei Eisenbahnkatastrophen. Weiter war John neunmal verheiratet und ging sechsmal unversehrt aus Sandstürmen hervor. Er starb im Alter von 99 Jahren ... an den Folgen eines Wespenstiches.

... die Bankräuber, die bereits auf dem Weg in die Schalterhalle in der Drehtür steckenblieben und von Bankangestellten befreit werden mußten. Nachdem sie sich bedankt hatten, verließen sie das Bankgebäude, kehrten aber zurück, um vom Kassierer 5000 Pfund zu fordern. Der und schließlich die ganze Bankbelegschaft lachten und lachten – so komisch wirkten die Gauner –, so daß diese ihre Forderung senkten, zunächst auf 500 Pfund, dann auf 50 Pfund. Um seiner Sache Nachdruck zu verleihen, sprang einer der Gauner über den Tresen, landete aber auf dem Hosenboden. Erschüttert traten die beiden anderen die Flucht an, stürmten in der Aufregung in der falschen Richtung durch die Drehtür und blieben erneut stecken.

... den Camping-Dieb, der den Nachbar-Wohnwagen während der Abwesenheit der Besitzer ausräumte. Beute: Fotoapparate, Schmuck, Sportgeräte und ein – Angelset. Ohne daß der Dieb es bemerkte, verklemmte sich der Angelhaken in der Tür, und die Angelleine spulte sich ab. In seinem Wohnwagen angekommen, bemerkte der Einbrecher endlich sein Mißgeschick, begann, die Schnur wieder aufzuspulen und wurde jäh unterbrochen – von den beraubten Nachbarn, die nach ihrer Rückkehr einfach der Angelleine gefolgt waren.

... die Einbrecher, die unter anderem eine Polaroidkamera erbeuteten, sich mit dieser noch am Tatort selbst fotografierten und das Foto liegen ließen.

... den Einbrecher, der durch das Fenster eines Restaurants kletterte, das Gleichgewicht verlor und in die Friteuse fiel. Fettbeschmiert wühlte er in der Kasse nach Geld, fand aber nur Unmengen von Münzen, mit denen er seine Taschen füllte. Fettig und mit ausgebeulten Taschen lief er draußen einem Polizisten in die Arme und wurde festgenommen.

... den Häftling, der ausbrechen wollte, zu diesem Zweck das Fensterglas entfernte und schließlich im zu engen Fensterkreuz steckenblieb, so daß ihn die Feuerwehr »befreien« mußte.

... den Münchner, der sein bei eisiger Kälte festgefrorenes Türschloß aufzutauen versuchte, indem er ins Schlüsselloch hauchte. Dabei berührte er mit den Lippen das tiefgekühlte Metall und »klebte« fest. Verständlich machen konnte er sich nicht, so daß er über eine Viertelstunde in gebückter Haltung verharren mußte, so lange, bis durch das ständige Aus- und Einatmen das Metall erwärmt wurde und er sich befreien konnte.

... den Dirigenten, der sich während eines Konzerts den Taktstock so in die Hand rammte, daß er ins Krankenhaus mußte.

... den Ringer, der sich während des Kampfes in den Seilen des Ringes verhedderte, bei seinen Befreiungsversuchen den Boden mit beiden Schultern berührte und – dem Reglement entsprechend – den Kampf verlor.

Beim Versuch, ihre Spülmaschine auszuräumen, zog sich die Autorin soeben eine größere Schnittwunde zu und mußte das Schreiben kurz unterbrechen.

... den Premierminister, der bei der feierlichen Enthüllung einer neuen Holztafel die ganze Holztafel zu Boden riß.

13. Das Gesetzbuch des Tolpatschs

Raten Sie mal, was die folgenden Gesetze, Gesetzmäßigkeiten und Prinzipien mit Ihnen zu tun haben!

Zunächst ganz ernsthaft:

Aus dem Bürgerlichen Gesetzbuch

§ 249 Wer zum Schadensersatze verpflichtet ist, hat den Zustand herzustellen, der bestehen würde, wenn der zum Ersatze verpflichtende Umstand nicht eingetreten wäre. Ist wegen Verletzung einer Person oder wegen Beschädigung einer Sache Schadensersatz zu leisten, so kann der Gläubiger statt der Herstellung den dazu erforderlichen Geldbetrag verlangen.

§ 823 (1) Wer vorsätzlich oder fahrlässig das Leben, den Körper, die Gesundheit, die Freiheit, das Eigentum oder ein sonstiges Recht eines anderen widerrechtlich verletzt, ist dem anderen zum Ersatze des daraus entstehenden Schadens verpflichtet.

§ 828 (1) Wer nicht das siebente Lebensjahr vollendet hat, ist für einen Schaden, den er einem anderen zufügt, nicht verantwortlich.
(2) Wer das siebente, aber nicht das achtzehnte Lebensjahr vollendet hat, ist für einen Schaden, den er einem anderen zufügt, nicht verantwortlich, wenn er bei der Begehung der schädigenden Handlung nicht die zur Erkenntnis der Verantwortlichkeit erforderliche Einsicht hat . . .

§ 842 Die Verpflichtung zum Schadensersatze wegen einer gegen die Person gerichteten unerlaubten Handlung erstreckt sich auf die Nachteile, welche die Handlung für den Erwerb oder das Fortkommen des Verletzten herbeiführt.

§ 847 (1) Im Falle der Verletzung des Körpers oder der Gesundheit . . . kann der Verletzte auch wegen des Schadens, der nicht Vermögensschaden ist, eine billige Entschädigung in Geld verlangen.

Dann ganz wissenschaftlich:

Aus der Physik:

- Auf alle Körper übt die Erde eine Anziehungskraft aus. Sie zieht die Körper senkrecht nach unten zum Erdmittelpunkt hin.
- Körper haben die Eigenschaft, der Änderung einer Bewegung oder Richtung Widerstand entgegenzusetzen. Diese Eigenschaft nennt man Trägheit.
- Man spricht vom unelastischen Stoß, wenn die stoßenden Körper nach dem Zusammenstoß nicht voneinander abprallen. Die Bewegungsenergie, die dabei verloren geht, wird in Wärmeenergie umgewandelt.
- Ein Körper steht auf seiner ebenen Unterstützungsfläche stabil, solange die senkrechte Projektion seines Schwerpunktes innerhalb seiner Grundfläche liegt.
- Ein Körper, der auf einer Fläche ruht, übt auf Grund seines Gewichts auf diese eine Kraft, genannt Druck, aus.
- Ein Körper bleibt so lange in Ruhe oder gleichförmiger geradliniger Bewegung, wie keine Kräfte auf ihn einwirken.
- Die Ausbreitung von Wärme erfolgt durch Wärmeleitung und Wärmestrahlung.
- Feste Körper besitzen ein bestimmtes Volumen und eine bestimmte Gestalt, Flüssigkeiten dagegen besitzen ein bestimmtes Volumen, aber keine Gestalt.

Stimmt's, es war manchmal ganz schön schwierig herauszufinden, was das alles mit uns Tolpatschen zu tun hat!? Natürlich haben Sie's trotzdem geschafft. Nichtsdestotrotz. Jetzt wird es wesentlich leichter verständlich.

Murphys Gesetze (frei nacherzählt):

Hauptgesetz:
Wenn man die Möglichkeit hat, etwas zu versaubeuteln, dann wird man dies auch schaffen.

Folgegesetze:

- Nichts ist so einfach, wie es aussieht.
- Zu allem braucht man länger, als man glaubt.
- Wenn mehrere Pannen passieren können, wird die schlimmstmögliche passieren.
- Wenn man alle vermeintlichen Tücken des Objekts beseitigt hat, wird man sich plötzlich einer ganz anderen gegenübersehen.

»Sie haben recht, Fräulein ... der ist schön leicht und außerdem nicht zu teuer ...«

Weitere abgeleitete Gesetze, Feststellungen, Ratschläge:

- Lächeln Sie heute, Sie wissen nicht, was Ihnen morgen wieder passieren wird.
- Sie werden immer das beschädigen, was den größten Wert hat.
- Wenn etwas danebengeht, dann gleich alles.
- Wenn man versucht, seine Mißgeschicke auszubügeln, bügelt man lauter neue Falten rein.
- Alles, was aus mehreren Bestandteilen besteht, löst sich irgendwann in diese auf.
- Unter Druck verschlimmert sich alles.
- Anfang gut, Ende schlecht!
- Anfang schlecht, Ende furchtbar!
- Was zunächst einfach wirkt, entpuppt sich als schwierig.
- Was von Anfang an schwierig wirkt, ist fast unmöglich.
- Auch was noch so einfach ist, kann man falsch machen.
- Wenn Sie ein Ding saubermachen, wird ein anderes schmutzig werden.
- Es kann aber auch alles schmutzig werden, ohne daß Sie etwas sauber kriegen.
- Ordnung machen dauert viel länger als Unordnung anrichten.
- Zusammenkleben dauert länger als Zerbrechen.
- Aufwischen dauert länger als Verschütten.
- Die Tiefe eines Drecklochs erfährt man erst beim Hineintreten.
- Rein äußerlich unterscheidet sich das heiße Bügeleisen nicht vom kalten.
- Bemühen Sie sich auch bei Pannen um Eleganz.
- Arbeiten Sie mit anderen zusammen, dann sind Sie nicht allein schuld.
- Wenn man schon am Boden ist, geht's wenigstens nicht mehr tiefer.
- Auf nichts wirkt die Suppe so anziehend wie auf die neue Seidenkrawatte.
- Wenn eine Tüte durchreißt, dann die mit den Eiern oder Flaschen.
- Ist Geschirr erst einmal angeschlagen, zerbricht es nie mehr.

- Ist der Boden erst einmal dreckig, wird nichts mehr verschüttet.
- Wenn Sie ein Essen verwürzt haben, verderben Sie es durch den Rettungsversuch endgültig.

»Hey, Mann, das Kundenklo ist eine Tür weiter!!!«

- Je mehr Sie sich Mühe mit etwas gegeben haben, umso weniger wird dies gewürdigt.
- Wenn etwas gut gelingt, sieht es keiner.
- Wenn etwas danebengeht, schauen alle hin.
- Wenn Sie etwas ganz Besonderes für den Abend zubereiten, hat es Ihr/e Partner/in mittags in der Kantine gegessen.
- Wenn Sie einen Wagen mit Allradantrieb haben, bleibt er dort stehen, wo kein Abschleppwagen hinkommt.

Die Autorin verfolgte ihren davonrollenden Stift bis zur nächsten Wand und hob ihn auf. Leider stand das Fenster offen. Nun brummt der Kopf ein wenig.

- Wenn Sie das fallende Glas auffangen wollen, richten Sie Schlimmeres an, als wenn Sie das Glas fallen lassen.
- Wenn Sie mehrere Geldmünzen fallen lassen, rollt die mit dem größten Wert in die Ritze.
- Wenn Sie gerade beim Friseur waren, regnet's oder stürmt's.
- Sie stehen immer in der falschen Warteschlange.
- Sie brauchen sich nichts einzubilden auf Ihre Mißgeschicke. Es gibt immer jemanden, dem noch Schlimmeres zustößt.

Es gibt aber auch oft jemanden, der unter Ihren Mißgeschicken zu leiden hat. Deshalb wurde das nächste und letzte Kapitel geschrieben.

14. Vergeßt die Opfer nicht!

Lieber Tolpatsch,

in diesem Kapitel geht es einmal nicht so sehr um Sie. Hier stehen – zum ersten Mal seit 72 Seiten – nicht Sie im Mittelpunkt.

Aber trösten Sie sich. Sie dürfen sich dennoch ein wenig wichtig fühlen. Sie sind es ja, die/der die Verbindung herstellt. Zu denen, die wir meinen, hier in Kapitel 14.
Den Betroffenen.
Den Leidtragenden.
Den Opfern.
Denen, die es mit uns aushalten müssen. Die Stunden, Tage oder ein Leben im Angesicht einer drohenden Katastrophe zubringen müssen. Die es ständig rumsen, splittern und fluchen hören. Deren Nerven auch nicht mehr die besten sind.

Zum Beispiel

(Ehe-)Partner:
Sie sind die mit der lebenslangen Last. Denen manchmal der Spruch vom »Schrecken ohne Ende« auf der Zunge liegt. Die stets in Sorge und auf der Hut sein müssen. Die, falls sie's wirklich ein Leben lang aushalten, ihre Liebe unter Beweis stellen. Respekt!

Eltern:
Ihr Los ist es, Verschüttetes aufzuwischen, Scherben aufzukehren, Kaputtes zu reparieren, Hosen zu stopfen, Knie zu verpflastern, Eiswürfel aufzulegen. Sie kennen die örtliche Ambulanz von innen.

Kinder:
Sie haben es nicht leicht mit ihren Eltern. Sie sehen sich ständig einem schlechten Vorbild gegenüber, werden aber ebenso ständig angehalten, gut auf sich und andere(s) aufzupassen, nur ja nicht zu verschütten, zu kleckern, nichts

kaputtzumachen . . . Andererseits müssen sie stets auf der Hut vor – versehentlichen (!) – Mißhandlungen durch die Eltern sein: Beim Pulloverausziehen kann ihnen schon mal das Ohr halb abgerissen, beim Suppeeingießen der Oberschenkel verbrüht, beim Kuscheln die Nase blau geschlagen werden.

Nachbarn:

Wehe dem, der dünne Wände hat! Dem werden Kampfgeräusche nonstop frei Haus geliefert. Ganz abgesehen davon, daß er oft derjenige ist, der Sofortmaßnahmen ergreifen »darf«, wenn gerade keiner aus der Familie zu Hause ist: durchgeschnittenes Rasenmäherkabel flicken, Wasserschaden beheben, Wunde verbinden . . . Der immer wieder mal gerufen wird mit den Worten: »Kannst du/Können Sie mal rüberkommen! Mir ist etwas passiert.«

Eine Nachbarin (wie sinnig!) der Autorin lud diese gerade zu einer Tasse Kaffee ein. Beim Versuch, sich ihres Sweat-Shirts zu entledigen, fegte sie (die Autorin, leider!) allerdings einen Teil des Kaffeeservice' vom Tisch und ist nun etwas geknickt.

Freunde:

Sie wissen: Wenn wir *den/die* einladen, dann ist etwas geboten. Und laden uns dennoch immer wieder ein. Ohne Rücksicht auf blütenweiße Tischdecken, auf reibungslose Abläufe – und auf Nerven . . .

Kollegen:

Sie müssen das Chaos mit ansehen, das wir anrichten. Oder es ausbaden. Am Schreibtisch, an der Maschine. In Konferenzen und an Förderbändern.

Und als ob das alles noch nicht genug wäre, kann ich nicht umhin, ein erschütterndes Phänomen zu melden:
Das Tolpatsch-Sein ist ansteckend. Menschen, die bis zum Zusammentreffen mit Tolpatschen problemlos den Alltag meisterten, werfen plötzlich mit Tassen, lassen Essen überkochen, übersehen die letzte Treppenstufe.

Seien Sie also nicht böse, lieber Tolpatsch (nun meinen wir wirklich wieder *Sie*), wenn man Ihre Umgebung meidet. Wenn Ihre Mitmenschen ehrlich und offen sagen: »Bis hierher und nicht weiter. Ich kann nicht mehr.«

Die Fahrstuhlfalle

Damit die Sache nicht ganz so trost- und hoffnungslos zu Ende geht, liefern wir hier noch eine (für die Opfer bestimmte)

kleine Anleitung für den Umgang mit Tolpatschen:

Was Sie nicht tun sollten

1) Sagen Sie nicht: »Paß doch auf!«
2) Schimpfen Sie nicht!
3) Tadeln Sie nicht!

Es bringt nichts. Der Tolpatsch paßt auf. Er gibt sich Mühe. Doch es hilft (ihm) nichts. Irgend etwas geht trotzdem schief, zwangsläufig. Bedenken Sie, daß er es nicht absichtlich tut. Er will weder sich noch Ihnen schaden.

Was Sie tun sollten:

1) Nehmen Sie den Tolpatsch, wie er ist.
2) Rechnen Sie immer mit dem Schlimmsten.
3) Freuen Sie sich, wenn er einmal hinter Ihren Erwartungen zurückbleibt.
4) Schenken Sie ihm nicht die teuren Gläser, sondern die zu DM 0,99 aus dem Supermarkt.
5) Räumen Sie selbst das gute Geschirr weg.
6) Verzichten Sie auf die Tischdecke, wenn er zum Essen kommt.
7) Helfen Sie ihm (bei Aufräumungs-, Reinigungs- und ähnlichen Arbeiten).
8) Trösten Sie ihn, wenn es gar zu schrecklich kommt.
9) Lachen Sie mit ihm, aber nicht über ihn. Er wird es Ihnen danken.
10) Lassen Sie ihn Ihre Überlegenheit nicht allzu deutlich spüren. Es könnte sein, daß bald nichts mehr von ihr übrigbleibt (siehe oben!).

> *Soeben läutete es an der Tür. Es war die Nachbarin – mit klaffender Schnittwunde. Tut mir ja so leid alles!*

11) Beginnen Sie selbst mit der Lektüre des Buches:

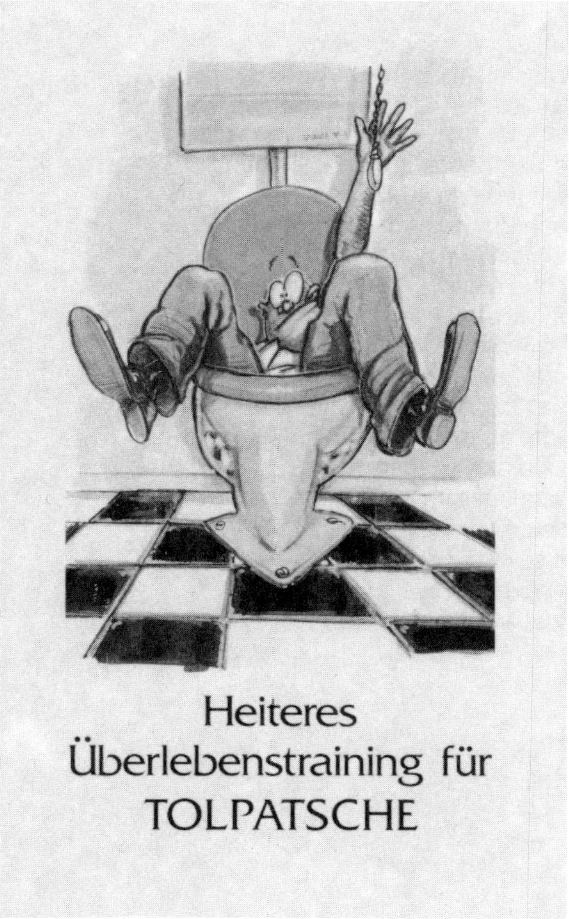

Nachwort

Nun kennen wir uns schon ein ganzes Buch lang. Geht das in Ordnung, daß ich Sie zum Abschied mit »Du« anrede?

Lieber Tolpatsch, glaube mir,
Dir geht's ebenso wie mir.
Mißgeschick, Versehen, Pech
folgen uns im Leben frech.
Grad lege ich den Stift zur Seite,
sucht der erst mal – verflixt! – das Weite.
Ich muß den Kerl erst wieder suchen
und fange leise an zu fluchen.
Die Lage hab ich falsch vermutet.
Au weh! Mein Mittelfinger blutet.
Am Tischfuß wurd' er aufgeschlagen.
Doch ich verbeiße mir das Klagen.
Im Verbeißen macht es »bumm«.
Es ist wirklich viel zu dumm,
was ich jetzt schon wieder tue.
Alles andre als in Ruhe
kämpfe ich: Kopf gegen Tisch.
Fühl' mich langsam nicht mehr frisch.
Verzichte erst mal auf das Schreiben.
Der Stift soll weiterhin da bleiben,
wo er im Augenblicke ist.
Aus! Ende! Mist!

Heiteres Überlebenstraining

Nicht nur die Tolpatsche haben es schwer. Auch das Vorwärtskommen zwischen Häuserschluchten und auf dem freien Lande birgt so seine Gefahren. Klar, daß für diesen Dschungel ein

Heiteres Überlebenstraining für FAHRRADFAHRER

von Christina Zacker unbedingt notwendig ist. Fahrradfahrer müssen sich nicht nur gegen wildgewordene Autofahrer, sondern auch noch gegen beißende Hunde und rennende Fußgänger, kurz Jogger, erwehren. Ein absolutes Muß für jeden Fahrradfahrer ist dieses rundum informative Buch ums Tretomobil, deswegen runter vom Heimtrainer und wieder raus auf die Fahrradwege. Denn: Gut Rad tut not!

Gegen Vorurteile und schlechtes Image hatten sie lange zu kämpfen. Die PS-stärkeren Zweiräder. Für sie gibt es nun ein

Heiteres Überlebenstraining für MOTORRADFAHRER

Mit viel Ahnung geschrieben vom Motorradjournalisten Klaus Finkenburg. Nützliche Tips und Ratschläge sind in einem solchen Buch selbstverständlich, aber es ist auch eine humorvolle Analyse des Motorradfahrers samt seiner Maschine. Wir behaupten einfach mal: Es ist eines der besten Bücher, das je über die Sicherheit beim Motorradfahren geschrieben wurde.

Die Bücher der Reihe »Heiteres Überlebenstraining« sind von Michael Bohne mit witzigen Zeichnungen versehen worden und im Buchhandel zum Preis von DM 11,80 erhältlich. Weitere Titel sind in Vorbereitung.

In allen Regionen der Bundesrepublik wird geplärrt, gemotzt, gebläkt, genörgelt, rumgemuckt usw. Da ist es nur logisch, daß die »Schimpfwörterbuchreihe« ständig wächst.

Bisher erschienen:

Das Niedersächsische Schimpfwörterbuch
Das Mecklenburgisch-Vorpommersche Schimpfwörterbuch
Das Friesische Schimpfwörterbuch
Das Saarländische Schimpfwörterbuch
Das Pfälzische Schimpfwörterbuch
Das Ruhrgebiet Schimpfwörterbuch
Das Rheinische Schimpfwörterbuch
Das Schwäbische Schimpfwörterbuch
Das Fränkische Schimpfwörterbuch
Das Bayerische Schimpfwörterbuch
Das Hessische Schimpfwörterbuch
Das Sächsische Schimpfwörterbuch
Das Märkische Schimpfwörterbuch
Das Hamburger Schimpfwörterbuch

Und dann gibt es da noch die Reihe mit den *merkwördigen* Wörterbüchern:

Das *merkwördige* Wörterbuch
Das Szene Schimpfwörterbuch
Das *medizynische* Wörterbuch

Alle »Schimpfwörterbücher« und »*merkwördigen* Wörterbücher« sind illustriert – zum Teil von dem Comic- und Cartoonzeichner Lars Contzen – und kosten jeweils DM 9,80.